发 现 **新 大 陆**

王大陆 / 著

九州出版社
JIUZHOUPRESS

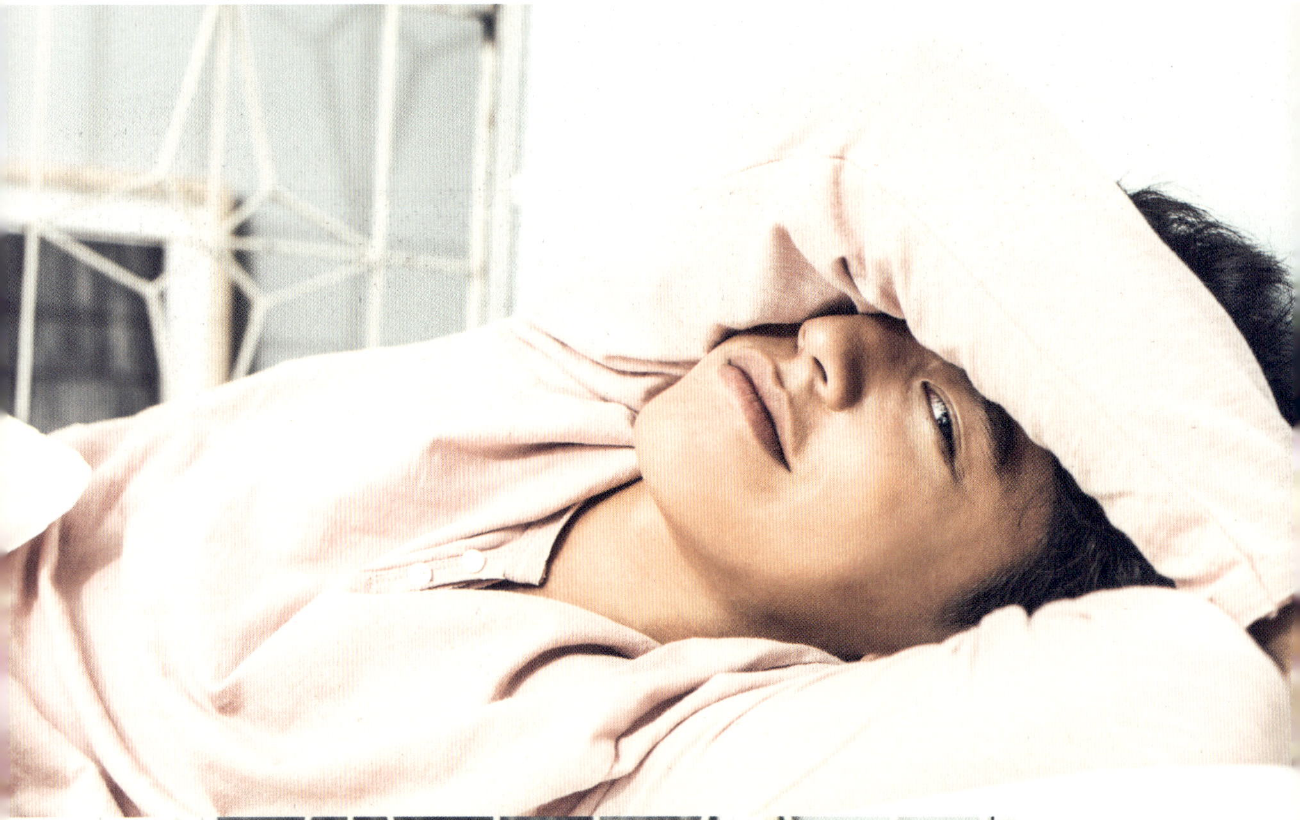

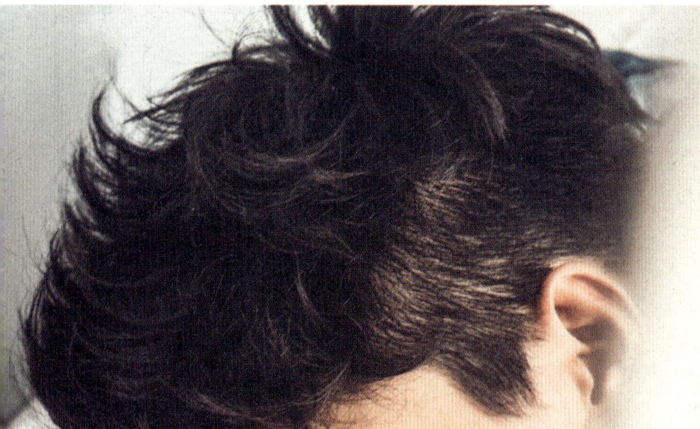

笑 容 就 是 我 最 大 的 武 器 。

十五岁出道，看似超龄，其实懵懂地混入成人世界。

“诚恳”是我的死穴，谁叫我长得不够诚恳……
我的诚恳，要用心看呀！

祝華廈落成誌慶

我不喜欢争，也不会在爱情与友情的天平摇摆不定，左右为难终究会伤了所有人。

『尊重』是我的地雷，能惹毛我的事情不多，但要是踩到我的地雷，我可不会客气。不懂得尊重的人也不值得被人尊重！

想当一个千变万化的演员。

大戲院
山東
UEEN OF FIS

如果有人说“双子座很花心”，那绝不会是我的朋友。
用星座来定义一个人，不如用真心去了解他。

发现了我藏不住的喜感吗？我喜欢研究喜剧的节奏和幽默，极度热爱搞笑，梦想做一位成功的喜剧演员。

所谓的“把妹高手”只是爱交朋友，
在爱上一个人之前，总要先好好认识彼此吧！

RALPH

1967

看见朋友被我逗得开怀大笑，就觉得超——开——心。
当小丑又怎样？只要能把欢乐带给大家。

The Century

七年，很漫长吗？

没有苦苦等戏的煎熬，不断拍戏的七年，磨了演技、交了朋友，等待一个让自己发光发亮的机会，等那个有点帅气又有点懒惰又过于爱玩的男孩长大。

人生不只等一个机会，也等一位伯乐。
我花了二十三年等一个合适的角色，更花了七年来等一个比我更懂我的人。在我被打造成阳光男孩时，却能看见我骨子里小小的坏，激出我眼里的深情与杀气，发掘了亦正亦邪又如此迷人的新大陆。
七年，累积的能量一次爆发。

DENIM&

他是温柔体贴的**咖啡师**，
调配一杯以幸福为名的咖啡。

独立又懂事，喜欢听我说话，总能被我逗乐，默默地为我做些贴心小事，我喜欢的就是这样的女生。

我无法拒绝心爱的女孩，只要她开口，总想要使命必达。无论是要让“刘德华唱给你听”，还是搬回一个人形立牌……甚至，通宵工作之后，撑着疲惫的身躯送早餐，只为了跟她说一声：“早安！”

他是优雅时尚的**裁缝师**，
量身打造关于梦想的衣装。

BAODAO

BAODAO

曾经，我也偷偷喜欢着身边的女孩，
默默付出许多，却没有自信向她告白，
直到这女孩出国念书，才告诉我，她其实也喜欢我。
或许，每个人的青春都有这样一段，带着遗憾的暗恋……

BAODAO

BAODAO

对我而言重要的人，永远会在我生命中拥有一个位置。不会因为别人的眼光而抹去。我追求的爱情，就是天长地久，一生一世。

我承认，我是个无可救药的浪漫主义者。爱情超越一切条件，年龄、外表都比不上个性吸引人。我爱的不是别人眼中的女神，而是为彼此付出的真心，当心灵被触动的一刹那，我只看见你散发的光芒，你就是我的百分百女孩。

他是勇敢果断的**拳击手**，
面对挫折，全力迎击。

曾经为了我最爱的篮球，断了十字韧带，而下个月新戏就要开拍，完全不知道该怎么跟老板交代，第一次感到如此懊恼与无力。想要做的事情很多，但在那之前，一定要有健康的身体！

在美国的军校生涯是人生中很特别的经验，语言不通的我自己搭飞机去报到，每天四点半起来做操，五点起来刷皮鞋、折棉被，一犯错就要受罚……

那时我花了十万元越洋电话费，还是敌不过远距离恋爱的魔咒，被女友“兵变”了！那段孤独无力又疲惫不堪的日子撑得好辛苦，但是那段辛苦的岁月，如今都成了美好的回忆，把一个男孩锻炼成一个坚强的男人。

“只有我们自己，能决定自己的样子。”
我真的这样相信，并努力着，成为自己想要的样子。

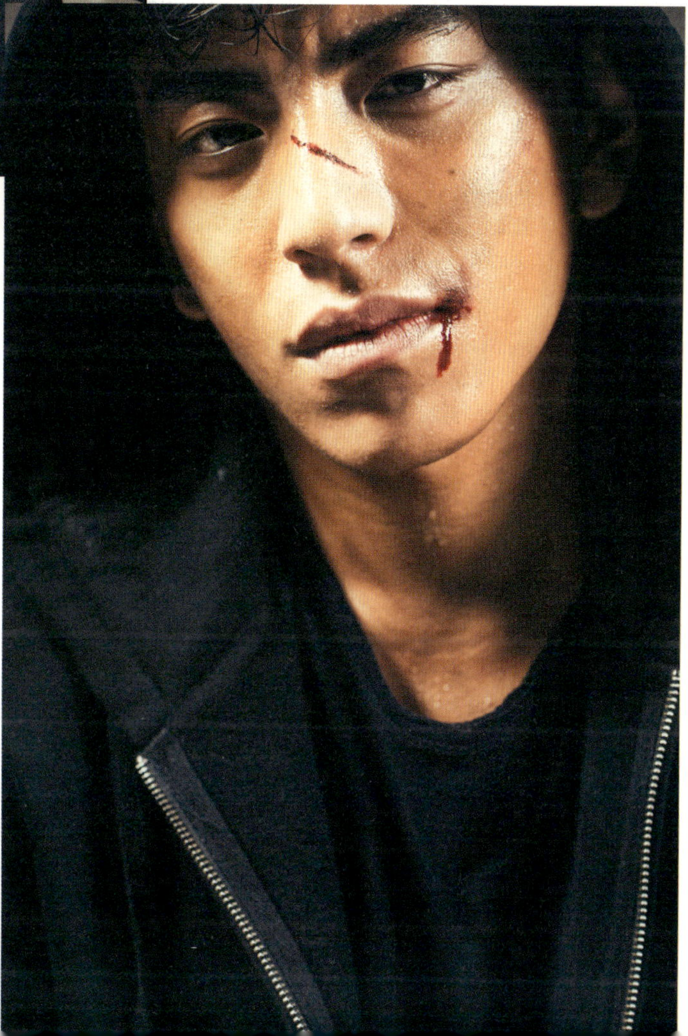

他是精准到位的『**杀手**』，用冷酷掩饰内心的热血。

我是个蛮能吃苦的人，在最恶劣的环境，也可以找到一个自在的位置，生存下去。

我是个敢做敢当的人！

时而狂放，时而内敛，
他是……最真实的**王大陆**！

第一次在杀青时哭惨的戏，是十七岁那年拍摄《闪亮的日子》，
每天夜里棚内、天亮棚外，不分日夜地赶戏，
我一直期待赶快结束没办法好好睡觉的苦日子，没想到杀青时，
却哭成泪人儿。原来我舍不得抽离自己扮演的角色，
那是我第一次感受到什么叫作“入戏太深”。

背台词是我的强项， 我的短暂记忆极佳，
五分钟就可以记好台词，马上演出。
这成了我试镜时的最佳优势。

有机会看见我的剧本你一定会吓一跳，
它就像全新的一样，干干净净，没有任何笔记，
不是我不用功，而是不想用任何注解设定演出模式。
我喜欢临场互动时，每一次撞击出不同的火花。

年少贪玩的我，一不留神玩掉了几个角色，但也见识了许多场面，看懂了不少人情世故。

无所谓得与失，这就是属于我的不悔青春。

当你默默无闻时，渴望被人记得；
当你家喻户晓时，却又害怕被认出来，
这真的很矛盾呀！

DENIM & SUPPLY
TRADE MARK
DENIM WEAR
RALPH LAUREN
EST.
1967
MANHATTAN

我有一群从小玩到大的兄弟们，但我不是喜欢当大哥的人，人家喊你一声“哥”，你对他就是一个责任。我不喜欢麻烦别人，不喜欢被服侍，更不想被拱上天。

机运，是成功不可或缺的一环。
努力的同时还是等待着一个好的机会，天时地利人和才会创造出一个时代。
演员，等的就是一个让他发光的角色！

DENIM&SUPPLY
TRADE MARK
RALPH LAUREN
EST.

DENIM&SU
TRADE MARK
DENIM&SUPPLY
TRADE MARK
RALPH LAURE
EST.
MANHATT

DENIM&SUPPLY
TRADE MARK
MANHATTAN

《我的少女时代》最后拍摄的镜头，是在海边那一场跟好友打赌戏水的戏，我哭了！不只是因为要演出好友溺水的伤痛，当然也不是因为被剃了个矬矬的三分头，而是因为，我要跟徐太宇……说再见。

我喜欢 Face to Face 聊天，感受彼此眼神的交流。
你会知道何时可以再靠近一点，何时该保持距离。

徐太宇 VS. 王大陆，相似度百分之九十九。
导演告诉我：“你缺的是那一分霸气。”
为了培养霸气，硬是把自己封闭起来，开着车独来独往，
压抑住想跟大家玩在一起的本性，释放出角色的孤傲。

比起“你好帅！”我更想听见“你演得好棒！”
对我在演技上的努力给予肯定，就是最棒的赞美。

你们听见了吗？
这些……都是我的真心话。

绘图©平安

TALU
多么困难的时刻，我都会迎面而击，
因为我拥有你们给我满满的小幸运。

每一次工作的出发我都会让自己从零开始，
因为你们是我工作的根基跟养分。

每一座山都有美丽的风景，
每一场戏都有美丽的故事，
我想拍更多精彩的作品，
真实地记录这个美好的时代。

拍戏不苦，其实很幸福。
有一群人一起努力一起奋战，
献上最骄傲的成果。
谢谢所有给我们掌声和建议的人！

我会坚持我的梦想，继续演戏下去，
因为我想要让你们看见更好的我！

图书在版编目（CIP）数据

发现新大陆 / 王大陆著. —北京：九州出版社，
2016. 2
ISBN 978-7-5108-4218-4

Ⅰ. ①发… Ⅱ. ①王… Ⅲ. ①王大陆—生平事迹—画册
Ⅳ. ①K825. 78-64

中国版本图书馆CIP数据核字（2016）第034370号

发现新大陆

作　　者　王大陆　著
出版发行　九州出版社
出 版 人　黄宪华
地　　址　北京市西城区阜外大街甲35号（100037）
发行电话　(010)68992190/3/5/6
网　　址　www. jiuzhoupress. com
电子信箱　jiuzhou@jiuzhoupress. com
印　　刷　北京盛通印刷股份有限公司
开　　本　787毫米×1092毫米　16开
印　　张　10
字　　数　3千字
版　　次　2016年4月第1版
印　　次　2016年4月第1次印刷
书　　号　ISBN 978-7-5108-4218-4
定　　价　56.80元